Marjane Satrapi

Persépolis

NORMA
Editorial

PERSÉPOLIS 1
Título original: "Persepolis 1", de Marjane Satrapi.
Tercera edición: febrero 2004
© 2000 L'Association. All rights reserved.
Published by arrangement with L'Association.
© 2004 Norma Editorial por la edición en castellano.
Pg. Sant Joan 7, Pral. 08010 Barcelona.
Tel. 93 303 68 20 – Fax. 93 303 68 31.
E-mail: norma@normaeditorial.com
Traducción: Albert Agut. Rotulación: Estudio Din&Mita.
Depósito legal: B-103-2004. ISBN: 84-8431-561-4.
Printed in the EU.

www.NormaEditorial.com

Introducción

Cuando los árabes invadieron Persia en el año 642, les bastó una sola batalla para conquistar el país y derrotar a la dinastía de los Sasánidas.

Vencidos, los persas adoptaron el Islam, pero un Islam de los vencidos, un Islam subterráneo, esotérico y revolucionario: el chiismo.

Tras la muerte de Mahoma en el año 632, su familia fue apartada del poder en beneficio de los compañeros del profeta. Ali, su yerno y primo, y Hussein, el hijo de Ali que se había casado con una princesa persa perteneciente a la antigua familia sasánida, fueron asesinados sucesivamente y el poder pasó a manos de la corriente sunnita.

A través de la fidelidad a Ali y Hussein, se manifiesta también la fidelidad al linaje sasánida y al glorioso pasado de Persia.

Las fiestas religiosas provienen de las fiestas zoroastrianas.

La permanencia del chiismo se aseguró con un linaje de imanes que partía de Hussein y que se sucedería hasta el año 874, fecha en la cual el duodécimo imán, Mohamed Al-Mahdi, desaparecería.

Sus partidarios decían que se había "ocultado" y que reaparecería para reinar antes del final de los tiempos.

La invasión y la ocupación árabe son las primeras de una larga serie. Persia dejaría de existir como nación independiente durante más de ocho siglos.

En el siglo X estuvo dominada por los turcos gaznavíes; en el siglo XI, por los turcos seljúcidas y, desde finales del siglo XII hasta el siglo XIV, por los mongoles, que fundaron la dinastía de los ilchán. A finales del siglo XIV, Persia pasó a ser dominada por los Timouridas. Sin embargo, a pesar de sus múltiples dueños, Persia exprimió la vitalidad de su cultura y de su lengua. Su símbolo es el "Libro de los Reyes", escrito por Firdusi en el siglo X para el soberano turco Mahmud de Gazna. Narra la epopeya de los reyes y héroes de Persia desde el principio del mundo. Esta historia netamente persa se difundió por toda Asia y sería adaptada por los Khans turcomanos y uzbecos, los sultanes mamelucos y otomanos, los Ilchán mongoles y los grandes mogoles de la India.

Persia le debe su renacimiento, a principios del siglo XVI, a una dinastía turcomana pero chiita, los Safawíes. Durante todo su reinado lucharon contra los turcos otomanos. En 1795, después del interregno del aventurero Nadir Sha, fue otra tribu turcomana quien fundó su dinastía, la de los Kadjar.

Persia se encontraba entonces entre los intereses de Rusia y los de Inglaterra. Durante el siglo XIX, el país se convirtió en un estado tapón entre las dos potencias. La primera anexionó el Cáucaso y Asia central, y la segunda intervino en Afganistán y el Tíbet. El descubrimiento de petróleo y la Primera Guerra Mundial aceleraron la hegemonía de los británicos, que intervenían cada vez más en la economía del país. En 1925, un oficial, Riza Pahlevi, se hizo con el poder y persiguió al último soberano qadjar. Aceleró la occidentalización del país para gran cólera de los religiosos, que empezaban a soñar con un poder religioso y le daban oficialmente al país el nombre de Irán.

Durante la Segunda Guerra Mundial, el norte del país fue ocupado por los soviéticos y el sur, por los ingleses y unos recién llegados, los americanos, que obligaron a que Irán declarara la guerra a Alemania. Ante el poco entusiasmo del sha, lo derrocaron y lo sustituyeron por su hijo Mohamed Reza.

Fue en 1953 cuando la CIA organizó su primer golpe de estado contra Mossadeq, el jefe de gobierno que puso en tela de juicio la repartición de los beneficios de la explotación petrolera por la angloiraní Oil Company. Los americanos sometieron al país a un bloqueo que impedía la exportación de petróleo. Mossadeq fue sustituido y Mohamed Rezah, que había huido del país, volvió a subir al trono. Se mantendría en el poder hasta 1979, fecha en la que escaparía de la Revolución.

Ésta es la gran historia. Marjane ha heredado todo eso y ha hecho el primer álbum de cómics iraní.

David B.

EL PAÑUELO

ÉSTA SOY YO CUANDO TENÍA DIEZ AÑOS. ERA 1980.

ESTO ES UNA FOTO DE CLASE. YO ESTOY SENTADA EN EL EXTREMO IZQUIERDO, POR ESO NO SE ME VE. DE IZQUIERDA A DERECHA: GOLNAZ, MAHSHID, NARINE Y MINNA.

EN 1979 ESTALLÓ UNA REVOLUCIÓN QUE MÁS TARDE SE LLAMÓ "LA REVOLUCIÓN ISLÁMICA".

DESPUÉS LLEGÓ 1980: EL PRIMER AÑO EN EL QUE ERA OBLIGATORIO LLEVAR PAÑUELO EN LA ESCUELA.

TOMA, HIJA.

NO NOS GUSTABA MUCHO LLEVAR EL PAÑUELO, SOBRE TODO SIN SABER POR QUÉ.

¡HACE MUCHO CALOR!

EJECUCIÓN POR LA LIBERTAD.

¡UUH! SOY EL MONSTRUO DE LAS TINIEBLAS.

¡DEVUÉLVEME MI PAÑUELO!

TENDRÁS QUE CONVENCERME.

SOOOOO.

ADEMÁS, EN 1979 ÍBAMOS A UNA ESCUELA FRANCESA Y LAICA...

...EN LA QUE CHICOS Y CHICAS ESTÁBAMOS JUNTOS.

Y DE REPENTE, EN 1980...

TODAS LAS ESCUELAS BILINGÜES TENDRÁN QUE CERRAR SUS PUERTAS.

SON EL SÍMBOLO DEL CAPITALISMO MUNDIAL.

¡BRAVO!

¡QUÉ SABIO!

DE LA DECADENCIA.

A ESTO SE LE LLAMA UNA "REVOLUCIÓN CULTURAL".

NOS ENCONTRAMOS CON UN VELO Y SEPARADAS DE NUESTROS COMPAÑEROS.

¡Y YA ESTÁ!

EN LAS CALLES HABÍA MANIFESTACIONES CONSTANTES A FAVOR Y EN CONTRA DEL PAÑUELO.

EN UNA DE LAS MANIFESTACIONES, UN PERIODISTA ALEMÁN HIZO UNA FOTO DE MI MADRE.

YO ESTABA MUY ORGULLOSA DE ELLA. SU FOTO SE DIFUNDIÓ POR TODA EUROPA.

APARECIÓ INCLUSO EN UNA REVISTA DE NUESTRO PAÍS. MI MADRE TENÍA MUCHO MIEDO.

¿HAS VISTO ESTO?

NO ES PARA TANTO, QUERIDA.

SE TIÑÓ EL PELO.

Y LLEVÓ GAFAS DE SOL MUCHO TIEMPO.

YO NO SABÍA QUÉ PENSAR DEL PAÑUELO. ERA MUY CREYENTE, PERO MIS PADRES Y YO ÉRAMOS MUY MODERNOS Y VANGUARDISTAS.

NACÍ CON LA RELIGIÓN.

A LOS SEIS AÑOS YA ESTABA SEGURA DE SER LA ÚLTIMA PROFETA. ESTO ERA UNOS AÑOS ANTES DE LA REVOLUCIÓN.

¡OH, LUZ CELESTIAL!

ANTES DE MÍ HUBO OTROS.

YO SOY LA ÚLTIMA.

¿UNA MUJER?

QUERÍA SER PROFETA...

PORQUE NUESTRA CRIADA NO COMÍA CON NOSOTROS.

PORQUE MI PADRE TENÍA UN CADILLAC.

Y SOBRE TODO PORQUE A MI ABUELA SIEMPRE LE DOLÍAN LAS RODILLAS.

¡VEN, MARJI! ¡AYÚDAME A LEVANTARME.

NO TE PREOCUPES. ¡PRONTO DEJARÁN DE DOLERTE! YA LO VERÁS.

COMO TODOS MIS PREDECESORES, YO TENÍA MI LIBRO SAGRADO.

LAS TRES PRIMERAS REGLAS PROVENÍAN DE ZARATRUSTA, EL PRIMER PROFETA DE MI PAÍS ANTES DE LA INVASIÓN ÁRABE.

TODO SE BASARÁ EN ESTAS TRES REGLAS: BUEN COMPORTAMIENTO, BUENAS PALABRAS, BUENAS ACCIONES.

QUERÍA QUE SE CELEBRARAN LAS FIESTAS ZORO-ASTRIANAS. COMO LA FIESTA DEL FUEGO...

...SEGUIDA DEL NOROUZ, EL AÑO NUEVO PERSA, QUE SE CELE-BRA EL 21 DE MARZO, EL PRIMER DÍA DE LA PRIMAVERA.

LA ÚNICA QUE ESTABA AL CORRIENTE DE MI LIBRO ERA MI ABUELA.

REGLA Nº6: TODO EL MUNDO TENDRÁ UN COCHE.

REGLA Nº7: TODAS LAS CRIADAS DEBEN COMER CON LOS SEÑORES.

REGLA Nº8: NINGUNA ANCIANA DEBE SUFRIR.

SI ES ASÍ, YO SERÉ TU PRIMERA DISCÍPULA.

¿DE VERDAD?

PERO DIME UNA COSA, ¿CÓMO HARÁS PARA QUE LAS ANCIANAS NO SUFRAN?

BUENO, MUY SIMPLE, ESTARÁ PROHIBIDO.

TODAS LAS NOCHES TENÍA LARGAS CONVERSACIONES CON DIOS.

DIOS, DAME MÁS TIEMPO. AÚN NO ESTOY PREPARADA.

¡CLARO QUE SÍ, LUZ CELESTIAL! ERES MI ELEGIDA, MI ÚLTIMA Y MEJOR ELECCIÓN.

APARTE DE MI ABUELA, NADIE ME CREÍA.

¿Y TÚ QUÉ HARÁS CUANDO SEAS MAYOR?

SERÉ PROFETA.

JA JA JAJA JA

ESTÁ LOCA.

CITARON A MIS PADRES.

SU HIJA ESTÁ PERTURBADA. ¡QUIERE SER PROFETA!

¿Y QUÉ?

¿ESO NO LES PREOCUPA?

¡NO! ¡EN ABSOLUTO!

?

DE TODAS FORMAS, MIS PADRES SE HACÍAN PREGUNTAS.

DIME, HIJA, ¿QUÉ QUIERES SER DE MAYOR?

PROFETA.

SERÉ DOCTORA.

ESO ESTÁ MUY BIEN, QUERIDA.

ME SENTÍA CULPABLE ANTE DIOS.

¿ASÍ QUE ES CIERTO? ¿QUIERES SER DOCTORA? YO CREÍA QUE...

CLARO QUE NO, SERÉ PROFETA, PERO ES MEJOR QUE NO LO SEPAN.

QUERÍA SER LA JUSTICIA, EL AMOR Y LA CÓLERA DE DIOS EN UNA.

LA BICICLETA

MI FE ERA ABSOLUTA.

EN EL AÑO DE LA REVOLUCIÓN, 1979, HABÍA QUE ACTUAR. ASÍ QUE ABANDONÉ MI DESTINO DE PROFETA DURANTE UN TIEMPO.

HOY ME LLAMO CHE GUEVARA.

YO SOY FIDEL.

Y YO QUIERO SER TROTSKY.

NOS MANIFESTÁBAMOS EN EL JARDÍN DE CASA.

¡ABAJO EL REY!

¡ABAJO EL REY!

¡ABAJO EL REY!

LA REVOLUCIÓN ES COMO UNA BICICLETA; CUANDO LAS RUEDAS DEJAN DE MOVERSE SE CAE.

¡BIEN DICHO!

ASÍ SE HIZO LA REVOLUCIÓN EN MI PAÍS.

"LA REVOLUCIÓN DESPERTÓ AL PUEBLO DESPUÉS DE UN LARGO SUEÑO DE 2.500 AÑOS."

"2.500 AÑOS DE TIRANÍA Y SUMISIÓN", COMO DECÍA MI PADRE.

PRIMERO NUESTROS PROPIOS EMPERADORES.

DESPUÉS LA INVASIÓN ÁRABE DEL OESTE.

SEGUIDA DE LA INVASIÓN MONGOL DEL ESTE.

Y, POR ÚLTIMO, EL IMPERIALISMO MODERNO.

PARA DESPERTARME, ME COMPRARON LIBROS.

LO SABÍA TODO SOBRE LOS NIÑOS PALESTINOS...

...SOBRE FIDEL CASTRO...

...SOBRE LOS PEQUEÑOS VIETNAMITAS ASESINADOS POR LOS AMERICANOS...

...SOBRE LOS REVOLUCIONARIOS DE MI PAÍS...

PERO MI LIBRO PREFERIDO ERA UN CÓMIC TITULADO: "EL MATERIALISMO DIALÉCTICO".

EN MI LIBRO APARECÍAN MARX Y DESCARTES.

EL MUNDO MATERIAL NO EXISTE, NO ES MÁS QUE UN REFLEJO DE NUESTRA IMAGINACIÓN.

¡VAYA!

ERA DIVERTIDO VER CÓMO SE PARECÍAN MARX Y DIOS. PUEDE QUE MARX TUVIERA EL PELO MÁS RIZADO.

HABRÁ 27°C A LA SOMBRA.

¡SHHT! ¡ESPERA, ESPERA!

ESTA TARDE HAN PRENDIDO FUEGO AL CINE REX.

¡OH! DIOS MÍO.

UNOS MINUTOS ANTES DEL INCENDIO CERRARON LAS PUERTAS CON CADENAS.

LA POLICÍA ESTABA PRESENTE.

PROHIBIERON QUE LOS CIUDADANOS SOCORRIERAN A LAS VÍCTIMAS ENCERRADAS.

DESPUÉS, LOS APORREARON.

LOS BOMBEROS LLEGARON CUARENTA MINUTOS MÁS TARDE.

INFORMARON A LA B.B.C. DE QUE HABÍA 400 MUERTOS. EL RÉGIMEN DEL SHA CULPÓ DE LA MASACRE A LOS FANÁTICOS RELIGIOSOS, ¡¡¡PERO EL PUEBLO SABÍA QUE HABÍA SIDO CULPA DEL SHA!!!

¿ADÓNDE?

¡A MANIFESTAR-
ME POR LA
CALLE! ESTOY
HARTA DE
HACERLO EN EL
JARDÍN.

¡ES MUY PELIGROSO,
DISPARAN CONTRA LA GENTE!

PARA QUE UNA REVOLUCIÓN
TRIUNFE, TODO EL PUEBLO
DEBE IMPLICARSE.

YA TE IMPLICARÁS MÁS TARDE.

¡SÍ, SÍ!
CUANDO SE
HAYA
ACABADO.

MAMÁ, POR FAVOR.

¡MALDICIÓN!

VENGA,
AHORA VAS A
ACOSTARTE.

POR FAVOR,
POR FAVOR,
POR FAVOR,
POR...

¡DIOS!
¿DÓNDE ESTÁS?

PERO AQUELLA NOCHE NO VOLVIÓ...

LA CELDA
DE AGUA

MIS PADRES SE MANIFESTABAN TODOS LOS DÍAS.

ABAJO EL REY

AQUELLO EMPEZÓ A DEGENERAR. EL EJÉRCITO DISPARABA CONTRA ELLOS...

...Y ELLOS LES LANZABAN PIEDRAS.

A FUERZA DE MANIFESTARSE Y DE LANZAR PIEDRAS, LLEGABAN POR LA NOCHE CON AGUJETAS HASTA EN LA CABEZA.

EH, MAMÁ, PAPÁ, ¿JUGA-MOS AL MONOPOLY?

¡CARIÑO, ESTA-MOS CANSADOS!

NO ES EL MOMENTO.

¡AL MONOPOLY! ¡IMAGÍNATELO! ¡JA, JA, JA!

¡NUNCA, NUNCA, NUNCA ES EL MOMENTO!

PARA EMPEZAR, AMO AL REY. ¡DIOS LO ELIGIÓ!

¿QUIÉN TE HA DICHO ESO?

LA MAESTRA Y EL MISMO DIOS.

SIÉNTATE EN MIS RODILLAS. INTENTARÉ EXPLICÁRTELO TODO.

BIEN, EXPLÍCASELO TODO. YO ME VOY A ACOSTAR.

EL REY NO FUE ELEGIDO POR DIOS.

¡CLARO QUE SÍ! ESTÁ ESCRITO EN LA PRIMERA PÁGINA DEL LIBRO DE LECTURA.

ESO ES LO QUE DICEN...

...LA VERDAD ES QUE HACE 50 AÑOS, EL PADRE DEL SHA, QUE ERA SOLDADO, ORGANIZÓ UN GOLPE DE ESTADO PARA DERROCAR AL EMPERADOR E INSTAURAR UNA REPÚBLICA.

SI DIOS QUIERE, DENTRO DE 19 DÍAS ESTAREMOS EN LA CAPITAL.

¡DIOS LO QUERRÁ, REZA, DIOS LO QUERRÁ!

Y SI NO QUIERE... ¿QUIÉN VA A DETENERNOS?

HAY QUE DECIR QUE ERA LA ÉPOCA DE LAS REPÚBLICAS EN LA REGIÓN. AUNQUE CADA UNO LAS INTERPRETABA A SU MANERA.

GANDHI EN LA INDIA.

ES PRECISO QUE LOS HINDÚES Y LOS MUSULMANES HAGAN LAS PACES PARA VENCER A LOS INGLESES.

ATATÜRK EN TURQUÍA.

NOSOTROS, LOS TURCOS, SOMOS OCCIDENTALES LAICOS. LA PRUEBA: TENGO LOS OJOS VERDES.

ASÍ QUE EL PADRE DEL SHA QUERÍA HACER LO MISMO.

PERO NO TENÍA LA EDUCACIÓN DE GANDHI, QUE ERA ABOGADO...

...NI LA CAPACIDAD DE LIDERAZGO DE ATATÜRK, QUE ERA GENERAL.

ERA UN PEQUEÑO OFICIAL ANALFABETO.

UNA GANGA PARA LOS INGLESES, QUE EJERCÍAN UNA GRAN INFLUENCIA. NO TARDARON EN ENTERARSE DE SUS PLANES.

¡EL PAÍS ES RICO!

Y LOS BOLCHEVI-QUES ESTÁN CERCA.

¿CÓMO SE LLAMA ESE SOLDADO?

¡REZA! ¡TENEMOS QUE IR A VERLO!

¡Y PRONTO! ¡PERSIA DUERME SOBRE PETRÓLEO!

VAYA, REZA, ¿PULIENDO LAS BOTAS?

CUANDO SEAS EMPERADOR, TE LAS PULIRÁ UN MINISTRO.

¡EMPERADOR! ¿YO?

¡POR SUPUESTO, AMIGO! ¡ES MUCHO MEJOR QUE PRESIDENTE!

¡PERO YA HAY UN EMPERADOR! YO QUIERO FUNDAR UNA REPÚBLICA.

ESTOY DE ACUERDO, PERO EL CLERO SE OPONE, Y NO SE EQUIVOCA. ¡UN GRAN PAÍS COMO EL TUYO NECESITA UN SÍMBOLO DIVINO!

LO TENDRÁS TODO. EL PODER, EL TRONO, PULIDORES DE BOTAS...

¡Y MUCHO MÁS! ¡TODO LO QUE QUIERAS EN EFECTIVO!

¿Y QUÉ TENDRÉ QUE HACER?

NADA.

TÚ NOS DAS EL PETRÓLEO Y NOSOTROS NOS OCUPAREMOS DE TODO.

ASÍ FUE COMO SE CONVIRTIÓ EN REY. Y, POR SUPUESTO, SU HIJO, EL SHA, LO SUCEDIÓ. YA LO VES, DIOS NO TIENE NADA QUE VER EN ESTA HISTORIA.

PERO PUEDE QUE DIOS LES AYUDARA.

BUENO, COMO CREO QUE YA TIENES EDAD DE ENTENDER CIERTAS COSAS, DEBES SABER...

¿QUÉ DEBO SABER?

...EL EMPERADOR DERROCADO ERA EL PADRE DEL ABUELO.

¿MI ABUELO?

¿ENTONCES EL ABUELO ERA PRÍNCIPE?

SÍ, EN FIN, ENTRE OTROS. PERO ÉSA NO ES LA CUESTIÓN.

¿CÓMO QUE ÉSA NO ES LA CUESTIÓN?

Mi abuelo era un príncipe

¡BUENO, VAMOS ALLÁ! EN AQUEL ENTONCES TU ABUELO ERA JOVEN Y EL PADRE DEL SHA LE CONFISCÓ TODOS SUS BIENES.

¡NO OLVIDEN EL ENLOSADO DE LOS BAÑOS!

¡POR FAVOR! ¡SOBRE TODO NO SE PRIVE DE NADA!

Y COMO SU ENTORNO ESTABA FORMADO POR IGNORANTES, TU ABUELO FUE NOMBRADO PRIMER MINISTRO.

DESDE HOY SERÁS MI PRIMER MINISTRO.

¿TE GUSTA, NO? ¡TIENES ESTUDIOS, ESO BASTARÁ!

EEH... GRACIAS.

HABÍA ESTUDIADO EN EUROPA. ERA UN HOMBRE MUY CULTIVADO. HABÍA LEÍDO INCLUSO A MARX.

¡LOS OBREROS! ¿CÓMO PUEDE PENSAR EN QUE EL POPULACHO REINE?

PERO HE AQUÍ QUE, DESHEREDADO DE SU DESTINO DE PRÍNCIPE, EMPEZÓ A CODEARSE CON LOS INTELECTUALES.

LOS BOLCHEVIQUES HACEN MILAGROS.

EL EMPERADOR DE PERSIA NO ES EL REZASHA, SINO EL REY DE INGLATERRA.

CUANDO ERA PRÍNCIPE TODO ESTO ME PARECÍA MUY LEJANO...

PERO HAY QUE SER PRÍNCIPE PARA PERMITIR-SE TOMAR CONCIENCIA, ÉSE ES EL PROBLEMA DE NUESTRO PAÍS.

ENTONCES SE HIZO COMUNISTA.

ME REPUGNA QUE LA GENTE ESTÉ CONDENADA A UN DESTINO OSCURO SÓLO POR SU CLASE SOCIAL. VIVA LENIN.

ASÍ QUE CONOCIÓ LA PRISIÓN CON REGULARIDAD.

ALGUNAS VECES LO METÍAN DURANTE UNAS HORAS EN UNA CELDA LLENA DE AGUA.

ME ACUERDO DE CUANDO ERA PEQUEÑA...

...CADA VEZ QUE LLAMABAN A LA PUERTA, PENSABA QUE VENÍAN A LLEVARSE A MI PADRE A LA CÁRCEL.

¡TOC! ¡TOC! ¡TOC!

LO QUE PASABA UNA VEZ DE CADA DOS.

¡HOLA! ¿TU MAMÁ ESTÁ EN CASA?

EEH... ¡NO! ¿POR QUÉ?

¿TU PADRE ESTÁ EN CASA?

¡NO!

ENTONCES ÍBAMOS A VISITARLO CON LA ABUELA.

¡PAPÁ! ¿PUEDES SUBIRME A CABALLO?

¡DÉJALO YA! ESTÁ CANSADO.

CLARO QUE PUEDO.

¡JU! ¡JU! ¡JU! ¡JU! ¡JU!

¡¡¡POBRE!!! LA CÁRCEL ACABÓ CON SU SALUD. TENÍA REUMA.

PADECIÓ DOLORES POR TODAS PARTES DURANTE TODA SU VIDA.

VAMOS, VAMOS, ESO YA ES PASADO.

¿QUIERES ECHAR UNA PARTIDA AL MONOPOLY?

¿PUEDO BAÑARME?

SI QUIERES PODEMOS JUGAR DESPUÉS DEL BAÑO.

¡NO! QUIERO DARME UN BAÑO MUY LARGO.

ESA NOCHE ESTUVE MUCHO RATO EN LA BAÑERA. QUERÍA SABER CÓMO ERA UNA CELDA LLENA DE AGUA.

¿PERO QUÉ HACES?

SALÍ CON LAS MANOS COMPLETAMENTE ARRUGADAS, COMO UN ABUELO.

 # PERSÉPOLIS

UN DÍA, AL VOLVER DE LA ESCUELA.

¡HOLA, MAMÁ!

¡HOLA! VE A LA HABITACIÓN DE INVITADOS. ¡HAY UNA SORPRESA PARA TI!

¡ABUELA!

¿YA TE MARCHAS?

¡CLARO QUE NO! ME ESTOY CAMBIANDO.

¡MAMÁ ME HA DICHO QUE EL ABUELO ESTUVO EN LA CÁRCEL!

HUM... ¿CÓMO TE HA IDO EN LA ESCUELA?

¡TUVO QUE SER MUY DURO PARA TI!

¡AY, ESTA ESPALDA!

¿QUIERES QUE TE AYUDE?

NO, ESTÁ BIEN... COMO DICES, FUE MUY DURO. DURO PARA MÍ Y TAMBIÉN PARA TU MADRE Y TUS TÍOS.

EL PADRE DEL SHA NOS LO QUITÓ TODO. CONOCIMOS LA POBREZA.

¿QUÉ? ¿TAMBIÉN FUISTEIS POBRES?

PUES SÍ, TAN POBRES QUE NO TENÍAMOS NI PAN PARA COMER, Y ME DABA TANTA VERGÜENZA QUE YO HACÍA COMO SI COCINASE PARA QUE LOS VECINOS NO SE DIERAN CUENTA DE NADA...

¡HUM! ¡MAMÁ NOS ESTÁ PREPARANDO ALGO!

¡CRÉETELO! ESTÁ HIRVIENDO AGUA, COMO SIEMPRE.

PARA SUBSISTIR TRABAJABA DE COSTURERA Y CON LOS RETALES CONFECCIONABA LA ROPA PARA TODA LA FAMILIA.

¡MIRA QUÉ GUAPOS ESTAMOS EN ESTA FOTO!

¿POR QUÉ NO ESTÁ EL ABUELO? ¿ESTABA EN LA CÁRCEL?

SÍ, EL PADRE DEL SHA FUE MUY DURO, PERO SU HIJO FUE DIEZ VECES PEOR...

¡AÚN PEOR!

SABES, MI NIÑA, DESDE LA NOCHE DE LOS TIEMPOS SE HAN SUCEDIDO LAS DINASTÍAS, PERO LOS REYES SIEMPRE MANTENÍAN SUS PROMESAS. EL SHA NO RESPETÓ NI UNA SOLA; RECUERDO EL DÍA EN QUE FUE CORONADO. DIJO:

SOY LA LUZ DE LOS ARIOS. HARÉ DE ESTE PAÍS EL MÁS MODERNO DE TODOS LOS TIEMPOS. NUESTRO PUEBLO RECUPERARÁ SU ESPLENDOR.

FUE INCLUSO A LA TUMBA DE CIRO EL GRANDE, QUIEN REINÓ EN EL MUNDO ANTIGUO.

CIRO, DESCANSA EN PAZ. NOSOTROS TE VELAMOS.

SE EMPLEÓ TODO EL DINERO DEL PAÍS EN CELEBRAR LAS RIDÍCULAS FIESTAS DE CONMEMORACIÓN DE LOS 2.500 AÑOS DE DINASTÍA Y OTRAS FUTILIDADES... TODO PARA IMPRESIONAR A LOS JEFES DE ESTADO, PORQUE EL PUEBLO SE BURLABA DE AQUELLO.

ESTOY TAN CONTENTA DE QUE POR FIN HAYA LLEGADO LA REVOLUCIÓN, PORQUE EL SHA...

¡BUENO, TENGO HAMBRE!

TE HE COMPRADO UNOS LIBROS. ENTENDERÁS POR QUÉ LA GENTE SE HA REVELADO.

¡NO VA A HABLARME DEL ABUELO!

¡TU HIJA DICE QUE TIENE HAMBRE!

¡BIEN, TENDRÁ QUE ESPERAR A SU PADRE!

¡ᴧᴧᴧ ᴧ ᴧᴧᴧᴧᴧ ᴧᴧᴧ FOTOS!

¡ᴧᴧᴧᴧᴧ!

VENDRÁ.

¿QUIÉN?

MI PADRE HABÍA IDO A HACER FOTOS DE LA MANIFESTACIÓN, PERO ESTABA TARDANDO MUCHO.

HACÍA FOTOS TODOS LOS DÍAS. ESTABA ESTRICTAMENTE PROHIBIDO. UNA VEZ FUE DETENIDO PERO SE SALVÓ IN EXTREMIS...

ASÍ QUE LO ESPERAMOS DURANTE HORAS... HABÍA EL MISMO SILENCIO QUE ANTES DE UNA TORMENTA...

PENSÉ QUE MI PADRE ESTABA MUERTO, QUE LE HABÍAN DISPARADO.

¡CUCÚ! ¡YA ESTOY AQUÍ!

¡EBI!

¡ALABADO SEA DIOS!

¡SI SUPIERAS LO PREOCUPADA QUE ESTABA POR TI!

¡VENGA, NO HACÍA FALTA! ¡HA PASADO UNA COSA INCREÍBLE!

SÍ, QUE HE ESTADO A PUNTO DE SUFRIR UNA CRISIS CARDÍACA...

¡PAPÁ!

¡ESTABA SEGURA DE QUE HABÍAS MUERTO!

HOY HE IDO FRENTE AL HOSPITAL RAY CON LA MÁQUINA.

HA SALIDO GENTE CARGANDO EL CUERPO DE UN HOMBRE JOVEN AL QUE HABÍA MATADO EL EJÉRCITO. LO ACLAMABAN COMO A UN MÁRTIR. LA MUCHEDUMBRE SE HA UNIDO PARA LLEVARLO AL CEMENTERIO DE BEHESHTE ZAHRA.

JUSTO DESPUÉS HA SALIDO OTRO CADÁVER, EL DE UN ANCIANO, EN UNA CAMILLA. LA GENTE QUE NO SE HABÍA MARCHADO CON EL PRIMERO SE HA ABALANZADO SOBRE EL VIEJO LANZANDO ESLÓGANES REVOLUCIONARIOS Y LO HA CARGADO A HOMBROS COMO SI FUERA UN HÉROE...

AHÍ TENEMOS OTRO MÁRTIR.

YO SEGUÍA HACIENDO FOTOS CUANDO HE VISTO A MI LADO A UNA SEÑORA MAYOR. HE COMPRENDIDO QUE ERA LA VIUDA DE LA VÍCTIMA. LA HABÍA VISTO SALIR DEL HOSPITAL JUNTO AL CUERPO.

¡DEJADLO EN PAZ! ¡¡DEJADLO!!

¿QUÉ? ¿QUÉ PASA?

¡DEJADLO EN PAZ!

¿QUIÉN ES USTED?

¡SU VIUDA!

¿ES USTED MONÁRQUICA?

NO... PERO MI MARIDO HA MUERTO DE UN CÁNCER...

¿QUÉ?

¿DE QUÉ?

¿QUÉ HA DICHO?

¡REY ASESINO! ¡SE CREE MUY LISTO! ¡UN DÍA VAMOS A COGERTE! Y A QUEMARTE EN LA HOGUERA ¡TE ELIMINAREMOS! ¡TE ROMPEREMOS LOS HUESOS!

¡NO PASA NADA! ¡ES UN HÉROE!

PERO LO MEJOR ESTÁ POR LLEGAR...

...PORQUE LA VIUDA HA EMPEZADO A MANIFESTARSE CON ELLOS.

REY ASESINO...

¡JA, JA, JA!

¡ES DEMASIADO!

¡¡¡AL MENOS, SI ME MUERO AHORA ME HARÁN MÁRTIR!!! ¡JA, JA, JA! ¡ABUELA MÁRTIR!

ALGO SE ME ESCAPABA.

CAVÁDER, CÁNCER, MUERTO, ASESINO...

¿RISAS?

JA JA JA JA JA JA

ENTONCES ME DI CUENTA DE QUE NO SABÍA NADA. LEÍ TODOS LOS LIBROS QUE PUDE.

LOS MOTIVOS DE LA REVOLUCIÓN

 # LA CARTA

NUNCA HABÍA LEÍDO TANTO COMO EN AQUELLA ÉPOCA.

MI AUTOR PREFERIDO ERA ALI ASHRAF DARVICHIAN, UNA ESPECIE DE DICKENS DE NUESTRO PAÍS. FUI CON MI MADRE A UNA SESIÓN DE DEDICATORIAS CLANDESTINA.

PARA MI EMIGO KOUROSH.

¿POR QUÉ HABLA ASÍ?

¡ES SU ACENTO KURDO!

CONTABA HISTORIAS TRISTES PERO VERDADERAS: REZA, QUE TENÍA 10 AÑOS CUANDO SE CONVIRTIÓ EN PORTADOR...

...LEILA, QUE TEJÍA TAPICES A LOS 5 AÑOS...

...HASSANE, QUE LIMPIABA LOS PARABRISAS DE LOS COCHES A LOS 3 AÑOS...

¡BAJA, PEQUEÑO ESTÚPIDO! ¡BAJA!

¡POR FIN COMPRENDÍ POR QUÉ ME DABA VERGÜENZA SENTARME EN EL CADILLAC DE MI PADRE!

"EL MOTIVO DE MI VERGÜENZA Y DE LA REVOLUCIÓN ES EL MISMO: LA DIFERENCIA DE CLASE SOCIAL."

PERO, AHORA QUE LO PIENSO... ¡¡¡TENEMOS UNA CRIADA EN CASA!!!

ELLA

SE LLAMABA MEHRI.

TENÍA 8 AÑOS CUANDO TUVO QUE DEJAR LA CASA DE SUS PADRES PARA VENIR A TRABAJAR A LA CASA DE LOS MÍOS. EXACTAMENTE COMO REZA, LEILA Y HASSANE.

¡TENEMOS DEMASIADOS HIJOS, SEÑOR! 14 Ó 15 CON ELLA.

EN SU CASA COMERÁ BIEN.

NOSOTROS LA CUIDAREMOS.

TENÍA 10 AÑOS CUANDO NACÍ YO. SE OCUPABA DE MÍ...

...ME LLEVABA A JUGAR...

...Y SIEMPRE SE ACABABA MIS PLATOS.

TAMBIÉN ME EXPLICABA HISTORIAS DE LOBOS QUE ME ATERRORIZABAN.

¡Y SE ACERCÓ! ¡Y SE ACERCÓ!

EN RESUMEN, NOS ENTENDÍAMOS BIEN...

AL PRINCIPIO DE LA REVOLUCIÓN, EN 1978, SE ENAMORÓ DEL HIJO DEL VECINO DE ENFRENTE. ENTONCES TENÍA 16 AÑOS.

¿PUEDES AYUDARME A ATÁRMELOS?

la la la la la la

TODAS LAS NOCHES SE MIRABAN DESDE LA VENTANA DE MI HABITACIÓN.

HASTA EL DÍA EN QUE ÉL LE DIO UNA CARTA.

COMO LA MAYORÍA DE LA GENTE DE CAMPO, NO SABÍA LEER NI ESCRIBIR...

¿PUEDES LEERME ESTA CARTA?

¿Y QUÉ ME DAS A CAMBIO?

MI MADRE HABÍA INTENTADO ENSEÑARLE, PERO ELLA PARECÍA QUE NO ESTABA MUY DOTADA.

VAMOS A REPETIR. ¿"M" COMO...?

¡BERENJENA!

ASÍ QUE ERA YO LA QUE LE ESCRIBÍA LAS CARTAS. UNA POR SEMANA DURANTE SEIS MESES.

MI QUERIDO HOSSEIN, TE ECHO MUCHO DE MENOS. HACE TRES DÍAS QUE NO TE VEO EN LA VENTANA. LE HABLO MUCHO DE TI A MI HERMANA.

¿A CUÁL?

¡PUES A TI!

YO ME APLICABA MUCHO.

MEHRI TENÍA UNA HERMANA DE VERDAD, UN AÑO MENOR QUE ELLA, QUE TRABAJABA EN CASA DE MI TÍO.

SABES... TENGO UN NOVIO.

¡AH, SÍ! ¿QUIÉN?

¡ES ÉSE!... EL QUE ESTÁ DELANTE DE LA TELE. ¿ES GUAPO, NO?

¡NO ESTÁ MAL!

AL CABO DE UNAS CUANTAS VISITAS, ELLA TAMBIÉN SE ENAMORÓ DE ÉL.

LOS CELOS LA CEGARON Y LE CONTÓ LA HISTORIA DE MEHRI A MI TÍO, QUE SE LA CONTÓ A LA ABUELA, QUE SE LA CONTÓ A MI MADRE. ASÍ ACABÓ LLEGANDO A OÍDOS DE MI PADRE...

...QUE DECIDIÓ ACLARAR EL ASUNTO.

¿QUIÉN ES?

SOY EL VECINO. QUERÍA HABLAR UN MOMENTO CON SU HIJO.

BUENO, IRÉ DIRECTO AL GRANO: SÉ QUE MEHRI LE HACE CREER QUE ES MI HIJA. EN REALIDAD ES MI CRIADA.

¡AH, VAYA!

BEE GEES

¿AÚN QUIE-RE SEGUIR VIÉNDOLA?

EEH...

BEE GEES

¡SIN DUDARLO, HOSSEIN LE DEVOLVIÓ A MI PADRE TODAS LAS CARTAS QUE HABÍA RECIBIDO!

PERO... ¡SI ESTA ES LA LETRA DE MARJI!

¡DIME! ¿QUÉ ES ESTO?

SON CARTAS.

¿POR QUÉ NO NOS HAS DICHO NADA?

TIENES QUE ENTENDER QUE ES UN AMOR IMPOSIBLE.

¿Y POR QUÉ?

PORQUE EN ESTE PAÍS ESTAMOS OBLIGADOS A CODEARNOS CON LA GENTE DE NUESTRA CLASE SOCIAL.

¡OOOH! ¡¡¿¿PERO ACASO ES CULPA SUYA HABER NACIDO DONDE HA NACIDO??!!!

¡PAPÁ! ¿TÚ ESTÁS A FAVOR O EN CONTRA DE LAS CLASES SOCIALES?

CUANDO ENTRÉ EN SU HABITACIÓN, ESTABA LLORANDO... NO PERTENECÍAMOS A LA MISMA CLASE, PERO AL MENOS ESTÁBAMOS EN LA MISMA CAMA.

HABÍA TOMADO UNA DECISIÓN; POR FIN HABÍA COMPRENDIDO LOS MOTIVOS DE LA REVOLUCIÓN.

MAÑANA VAMOS A LA MANIFESTACIÓN.

¡NO TENEMOS PERMISO!

¡NO TE PREOCUPES! ¡IREMOS DE TODAS FORMAS!

ASÍ QUE AL DÍA SIGUIENTE...

¡PORTAOS BIEN!

MEHRI, NO TE OLVIDES DE HACERLE EL POLLO.

SÍ, SEÑORA.

¡HASTA LUEGO!

POR UNA VEZ NO HA INSISTIDO EN VENIR CON NOSOTROS.

AHÍ ESTÁ LA MANIFESTACIÓN...

ESTUVIMOS GRITANDO DE LA MAÑANA A LA NOCHE...

¡ES TARDE, TENEMOS QUE VOLVER!

¡SÍ!

¡VIVA LA REPÚBLICA!

¡ABAJO EL SHA!

¡MALDITA SEA! ¡¿PERO DÓNDE OS HABÍAIS METIDO?!

NOS MANIFESTAMOS JUSTO EL PEOR DÍA: "EL VIERNES NEGRO". AQUEL DÍA HUBO TAL CANTIDAD DE MUERTOS EN OTRO BARRIO DE LA CIUDAD QUE CORRIÓ EL RUMOR DE QUE LOS RESPONSABLES DE AQUELLA CARNICERÍA HABÍAN SIDO LOS SOLDADOS ISRAELÍES.

PERO LOS QUE PEGARON FUERTE DE VERDAD FUERON LOS NUESTROS.

LA FIESTA

TRAS EL "VIERNES NEGRO" SE SUCEDIERON LAS MASACRES. HUBO MUCHOS MUERTOS.

EL FIN DEL SHA ESTABA PRÓXIMO...

...UN DÍA HIZO UN DISCURSO POR LA TELE.

HE COMPRENDIDO VUESTRA REVUELTA...

...TODOS JUNTOS INTENTAREMOS AVANZAR HACIA LA DEMOCRACIA...

¡CLARO! ¡DESPUÉS DE TODO LO QUE NOS HA HECHO!

¡¡CALLA!!

Y EFECTIVAMENTE, LO INTENTÓ: EN UNOS MESES PROBÓ A UNA DECENA DE PRIMEROS MINISTROS.

¿UN FRANCMASÓN? ¡NO NOS CONVIENE!

¡TÚ LES RECUERDAS DEMASIADO A MI PADRE!

¡DEMASIADO DELGADO!

¡DEMASIADO BAJO!

¡TUERTO!

¡¡¡PFFF!!!

CUANTO MÁS INTENTABA DEMOCRATIZARSE, MÁS ESTATUAS SUYAS CAÍAN...

¡ESTIRAD MÁS POR LA IZQUIERDA!

...MÁS IMÁGENES SUYAS SE QUEMABAN.

EL PUEBLO SÓLO QUERÍA UNA COSA: ¡QUE SE MARCHARA! ASÍ QUE FINALMENTE...

¡FUERA!

¡FUERA!

¡FUERA!

¡NO LO OLVIDAREMOS NUNCA!

EL DÍA DE SU MARCHA EL PAÍS VIVIÓ LA FIESTA MÁS GRANDE DE SU HISTORIA.

EL PRESIDENTE DE LOS ESTADOS UNIDOS, JIMMY CARTER, SE HA NEGADO A ACOGER COMO EXILIADOS AL SHA Y A SU FAMILIA...

PARECE QUE CARTER SE HA OLVIDADO DE SUS AMIGOS. A ÉSE LO ÚNICO QUE LE INTERESA ES EL PETRÓLEO. ¡NADA MÁS!

LOS RECIBIRÁ EN SU PAÍS ANOUAR EL-SADATE...

¿QUIÉN ES ÉSE?

EL PRESIDENTE DE EGIPTO.

¿Y POR QUÉ ACOGE AL SHA?

SON AMIGOS DESDE HACE MUCHO. LOS DOS HAN TRAICIONADO A LOS PAÍSES DE LA ZONA HACIENDO UN... PACTO CON ISRAEL.

DE TODAS FORMAS, MIENTRAS HAYA PETRÓLEO EN ORIENTE MEDIO, NO CONOCEREMOS LA PAZ...

BUENO, HABLEMOS DE OTRAS COSAS. ¡DISFRUTEMOS DE LA LIBERTAD!

¡AHORA QUE EL DIABLO SE HA MARCHADO!

¿PUEDE SER QUE SADATE HAYA RECIBIDO AL SHA PORQUE SU PRIMERA MUJER ERA EGIPCIA?

¡OOH, NO! LA POLÍTICA NO SE MEZCLA CON LOS SENTIMIENTOS.

DESPUÉS DE TODA AQUELLA ALEGRÍA LLEGÓ UNA GRAN DESGRACIA: LAS ESCUELAS QUE HABÍAN CERRADO LAS PUERTAS A LA VISTA DE LOS ACONTECIMIENTOS VOLVIERON A ABRIRLAS Y...

¡CHICOS! ¡ARRANCAD LAS FOTOS DEL SHA DE VUESTROS LIBROS!

¡PERO SI ELLA SIEMPRE NOS HABÍA DICHO QUE AL SHA LO HABÍA ELEGIDO DIOS!

¡SEÑORITA! ¡¡¡ELLA DICE QUE DIOS ESCOGIÓ AL SHA!!!

¡SATRAPI! NO ESTÁ BIEN DECIR ESAS COSAS. ¡¡¡DE CARA A LA PARED!!!

ESTOS FENÓMENOS EXTRAÑOS SE MULTIPLICARON...

BUENOS DÍAS, VECINOS.

HOLA.

¡BUENOS DÍAS! ¡TANTAS MANIFESTACIONES HAN SIDO AGOTADORAS! PERO LO HEMOS CONSEGUIDO.

¡MIREN! UNA BALA LE ROZÓ EL PÓMULO A MI MUJER... ¡LA LIBERTAD TIENE UN PRECIO!

¡OH!

¡QUÉ CARA! SIEMPRE HA TENIDO ESA MANCHA. ¡MENOS MAL QUE SOMOS VECINOS, SI NO NOS HABRÍA HECHO CREER QUE ERA UNA MÁRTIR RESUCITADA!

¡QUÉ IMPORTA!

EL COMBATE SE HABÍA ACABADO PARA LOS PADRES, PERO NO PARA NOSOTROS.

MI PADRE DICE QUE EL PADRE DE RAMINE ERA DEL SAVAK.* ¡HA MATADO A UN MILLÓN DE PERSONAS!

¿UN MILLÓN?

*SERVICIO SECRETO DEL RÉGIMEN DEL SHA.

EN NOMBRE DEL MILLÓN DE MUERTOS, VAMOS A DARLE UNA BUENA LECCIÓN A RAMINE. TENGO UNA IDEA...

MI IDEA ERA PONERNOS UNOS CLAVOS ENTRE LOS DEDOS, COMO SI FUERAN UN PUÑO AMERICANO, Y ATACAR A RAMINE.

¡RAMINE! ¡RAMINE! ¡SAL DE TU ESCONDITE! ¡NO SEAS GALLINA!

PERO MI MADRE APARECIÓ EN MEDIO DE LA EUFORIA...

¡HOLA CHICOS! ¿QUÉ ESTÁIS HACIENDO?

¡¡¡MARJI HA ENCONTRADO UNOS CLAVOS!!!

¡LE PARTIREMOS LA CABEZA A RAMINE!

¡SU PADRE HA MATADO A UN MILLÓN DE PERSONAS!

¿ASÍ QUE QUIERES DARLE UNA PALIZA A RAMINE? SUBE AL COCHE, TENGO UNA SOLUCIÓN MEJOR...

¿AH, SÍ? ¿CUÁL?

¿DE DÓNDE HAS SACADO LOS CLAVOS?

¿EH? ¡DE LA CAJA DE HERRAMIENTAS DE PAPÁ!

¿QUÉ TE PARECERÍA QUE TE CLAVARA A LA PARED POR LAS OREJAS?

¡UAUH! ESO DEBE DE DOLER MUCHO...

 # LOS HÉROES

UNOS DÍAS MÁS TARDE, LOS PRISIONEROS POLÍTICOS FUERON LIBERADOS. 3.000 PERSONAS EN TOTAL...

NOSOTROS CONOCÍAMOS A DOS.

SIAMAK JARI

NACIDO EL 20/02/45

EN LURISTÁN

PROFESIÓN: PERIODISTA

DELITO: HABER ESCRITO ARTÍCULOS SUBVERSIVOS EN KEYHAN

FECHA DE ENCARCELAMIENTO: JULIO DE 1973

LIBERADO EN MARZO DE 1979

CONVICCIÓN POLÍTICA: COMUNISTA

MOHSEN CHAKIBA

NACIDO EL 22/11/47

PROFESIÓN: REVOLUCIONARIO

DELITO: REVOLUCIONARIO

FECHA DE ENCARCELAMIENTO: ABRIL DE 1971

LIBERADO EN MARZO DE 1979

CONVICCIÓN POLÍTICA: COMUNISTA

HABÍA OÍDO HABLAR DE SIAMAK INCLUSO ANTES DE LA REVOLUCIÓN. ERA EL MARIDO DE LA MEJOR AMIGA DE MI MADRE.

¿DESDE CUÁNDO NO TIENES NOTICIAS SUYAS?

¿¿DIEZ MESES??

¡PÁSATE HOY A VERME CON LALY! LUEGO HABLAMOS.

LALY ERA LA HIJA DE SIAMAK.

¿DÓNDE ESTÁ TU PADRE?

¡DE VIAJE!

¿SABES QUE CUANDO DICEN QUE ALGUIEN LLEVA MUCHO TIEMPO DE VIAJE SIGNIFICA QUE ESTÁ MUERTO?

¡AL MENOS ASÍ FUE CON MI ABUELO!

BUUUUAA...

A VECES ES DURO ACEPTAR LA VERDAD.

BUUUAA... MARJI DICE QUE... QUE PAPÁ... PAPÁ ESTÁ... ¡ESTÁ MUERTO!

¡PUES CLARO QUE NO!

¡A TU CUARTO, Y QUE NO VUELVA A VERTE EN TODO EL DÍA!

NADIE ACEPTA LA VERDAD.

PERO DESPUÉS DE LA REVOLUCIÓN ENTENDÍ QUE PODÍAS EQUIVOCARTE.

QUERIDA, HOY ES UN GRAN DÍA. HEMOS INVITADO AL PAPÁ DE LALY Y A MOHSEN. LOS DOS ACABAN DE SALIR DE LA CÁRCEL.

¿EL PAPÁ DE LALY?

¿QUÉ ASPECTO TIENE EL PADRE DE LALY?

PRONTO LO VERÁS.

¡DING, DONG!

¡SIAMAK!

ME HACE TAN FELIZ VERTE OTRA VEZ ENTRE NOSOTROS... NO TENGO PALABRAS...

¡LO SÉ, NO DIGAS NADA!

¡AH, TAJI! ¡SIEMPRE TAN GUAPA!

¡Y TÚ SIEMPRE TAN ENCANTADOR!

Y ÉSTA DEBE DE SER MARJI. ¡JODER! ¡LA ÚLTIMA VEZ QUE LA VI SÓLO TENÍA 3 AÑOS!

EL TIEMPO ES IRRECUPERABLE. CUANDO ME ARRESTARON LALY APENAS HABLABA Y MÍRALA AHORA, HECHA TODA UNA SEÑORITA.

PUES SÍ...

SÍ...

¿QUIERES JUGAR?

¡NO!

¡DING, DONG!

DEBE DE SER MOHSEN.

¡ME GOLPEARON TANTO CON UNOS CABLES ELÉCTRICOS ENORMES QUE AHORA PARECE CUALQUIER COSA MENOS UN PIE!

POR NO HABLAR DE LAS COLILLAS ENCENDIDAS QUE NOS PONÍAN EN LA ESPALDA Y EN LOS MUSLOS...

MIS PADRES ESTABAN TAN AFECTADOS...

...QUE SE OLVIDARON DE AHORRAR-ME AQUELLA EXPERIENCIA...

¿NO TIENES NOTICIAS DE AHMADI?

AHMADI... AHMADI FUE ASESINADO. COMO ERA MIEMBRO DE LA GUERRILLA, LE HICIERON PASAR UN CALVARIO. LLEVABA CIANURO ENCIMA POR SI LO DETENÍAN, PERO LO PILLARON POR SORPRESA. DESGRACIADAMENTE, NO PUDO UTILIZARLO... TUVO QUE PADECER LAS PEORES TORTURAS...

¡TE GUSTA! ¿VERDAD?

¡¡CONFIESA!! ¿DÓNDE ESTÁN LOS DEMÁS?

...LE QUEMARON CON UNA PLANCHA ARDIENDO...

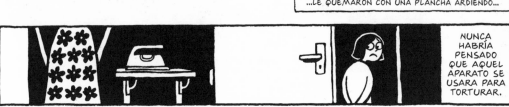

NUNCA HABRÍA PENSADO QUE AQUEL APARATO SE USARA PARA TORTURAR.

...ACABARON DESCUARTIZÁNDOLO.

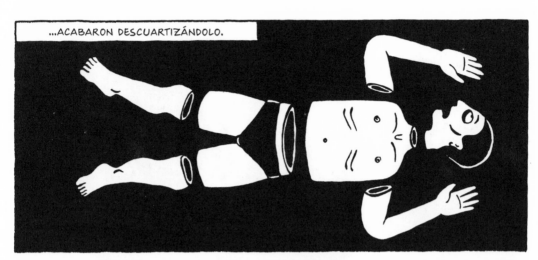

IBA A MI CLASE EN LA POLITÉCNICA.

¡MENOS MAL QUE NO MATARON A TU PADRE EN LA CÁRCEL!

PERO CONFIESA QUE NO ME EQUIVOCABA DEL TODO CUANDO TE DIJE QUE NO ESTABA DE VIAJE.

PUEDE, ¡PERO MI PADRE ES UN HÉROE!

¡¡¡HAY QUE ACABAR CON ESOS ASESINOS!!!

EN MI CASO, MI PADRE NO ERA NINGÚN HÉROE, MI MADRE QUERÍA MATAR A ALGUIEN... ASÍ QUE ME FUI A JUGAR A LA CALLE.

AQUELLAS HISTORIAS ME DIERON NUEVAS IDEAS PARA JUEGOS.

EL QUE PIERDA SERÁ TORTURADO.

¡VALE!

¿Y QUÉ TIPO DE TORTURA?

YO TAMBIÉN TENGO IMAGINACIÓN... EL BIGOTE ARDIENDO CONSISTE EN TIRAR DE LOS DOS LADOS DEL LABIO SUPERIOR...

...EL BRAZO TORCIDO...

...EN LLENAR LA BOCA CON GUSANOS.

AL LLEGAR LA NOCHE TENÍA UN DIABÓLICO SENTIMIENTO DE PODER...

...PERO NO DURÓ MUCHO. RESULTABA AGOBIANTE.

NO LLORES, QUERIDA, PAGARÁN POR LO QUE HICIERON.

¡NO ES ESO! ¡¡PENSABA QUE DEBÍAMOS PERDONAR!!

LA GENTE MALA ES PELIGROSA, PERO TAMBIÉN LO ES PERDONARLES. NO TE PREOCUPES, EN ESTE MUNDO HAY JUSTICIA.

NO SABÍA LO QUE ERA LA JUSTICIA. AHORA QUE LA REVOLUCIÓN HABÍA ACABADO DEFINITIVAMENTE, YO ABANDONABA EL MATERIALISMO DIALÉCTICO DE MIS CÓMICS. EL ÚNICO SITIO EN EL QUE ME SENTÍA SEGURA ERA ENTRE LOS BRAZOS DE MI AMIGO.

 # MOSCÚ

ASÍ QUE MI PADRE NO ERA UN HÉROE.

¿VA TODO BIEN, MARJI?

PSÉ...

SI AL MENOS HUBIERA ESTADO EN LA CÁRCEL...

A MI PADRE LE HAN CORTADO UNA PIERNA. ¡PERO NO HA CONFESADO!... DESPUÉS LE HAN CORTADO UN BRAZO...

¡DELIRA!

PERO UN DÍA DESCUBRÍ, POR FORTUNA, LA HISTORIA DE ANOUCHE, MI TÍO...

ERA EL ÚNICO AL QUE NO CONOCÍA, ¡Y POR UN BUEN MOTIVO! HABÍA ESTADO EN LA CÁRCEL. POR PRIMERA VEZ DESPUÉS DE TREINTA AÑOS MI ABUELA ESTABA CON SUS SEIS HIJOS...

...Y TENÍAMOS UN HÉROE EN LA FAMILIA... NI QUE DECIR TIENE QUE LO AMÉ DE INMEDIATO.

¿POR QUÉ NO VIENES A VIVIR CON NOSOTROS?

¡QUÉ AMABLE ERES! ESTA NOCHE DORMIRÉ AQUÍ Y TE EXPLICARÉ UNA HISTORIA.

¿ESTÁS CASADO? ¿TIENES HIJOS? ¿CUÁNTOS AÑOS TIENES?

¡¡DESPUÉS, MARJI!! ¡¡DESPUÉS!!

NO LO MOLESTES MUCHO, ESTÁ CANSADO.

VENGA, BUENAS NOCHES.

ESTÁ BIEN, DEJADNOS.

BUENO, EMPIEZO: TENÍA 18 AÑOS CUANDO MI TÍO FEREYDOUNE Y SUS AMIGOS PROCLAMARON LA INDEPENDENCIA DE LA PROVINCIA IRANÍ DE AZERBAIYÁN...

¡QUÉ VALIENTE!

...FEREYDOUNE SE NOMBRÓ MINISTRO DE JUSTICIA DE AQUELLA NUEVA Y PEQUEÑA REPÚBLICA.

SEÑORES, LA JUSTICIA ES LA BASE DE LA DEMOCRACIA. LOS HOMBRES DEBEN SER IGUALES ANTE LOS OJOS DE LA LEY.

LE SEGUÍ PORQUE YO TENÍA LAS MISMAS IDEAS. TU ABUELO, POR CONTRA, SE MANTUVO FIEL AL SHA.

¡MI HIJO ES UN TRAIDOR, ESO ES! ¡VETE, VETE CON EL CRETINO DE MI HERMANO!

¡ACABARÉIS TODOS FUSILADOS! ¿ME OYES? ¡FUSILADOS!

ME CONVERTÍ EN EL SECRETARIO DE FEREYDOUNE. FUE UNA ÉPOCA REPLETA DE SUEÑOS Y DE ENTUSIASMO.

¡AZERBAIYÁN SÓLO ES EL PRINCIPIO! ¡¡¡VAMOS A LIBERAR IRÁN PROVINCIA POR PROVINCIA, TROCITO A TROCITO!!!

YA LO SÉ, TÍO.

UNA NOCHE TUVE UNA PESADILLA TERRIBLE: MUERTOS, SANGRE...

A LA MAÑANA SIGUIENTE QUISE VER A FEREYDOUNE. ESTABA PREOCUPADO, CUANDO DE REPENTE...

¡MIERDA! ¡LOS SOLDADOS DEL SHA!

¡DIOS MÍO! ¡FEREYDOUNE!

QUERÍA HACER ALGO, PERO... NO PUDE... LO ARRESTARON Y YO ME DI A LA FUGA.

¡MENUDA HISTORIA!

CAMINÉ DURANTE DÍAS Y DÍAS SOBRE LA NIEVE, BAJO LA TORMENTA. ATRAVESÉ LAS MONTAÑAS DE ALBORZ PARA REFUGIARME EN CASA DE MIS PADRES, EN ASTARA...

...TENÍA HAMBRE Y FRÍO, PERO CONTINUÉ...

¡CUANDO LLEGUÉ ESTABA PRÁCTICAMENTE MUERTO!

¡BOUM! ¡BOUM! ¡BOUM!

¡DIOS MÍO! ¡¡¡ANOUCHE!!!

¿QUÉ? ¿QUÉ PASA? ¿QUIÉN VIENE A MOLESTARNOS A ESTAS HORAS?

¡DATE PRISA! ¡ES NUESTRO HIJO ANOUCHE! ¡¡SE HA DESMAYADO!!

¿QUÉ HACE AQUÍ? ¿POR QUÉ NO SE HA QUEDADO EN CASA DE SU QUERIDO TÍO?

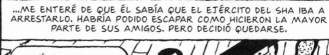

EN AQUELLA ÉPOCA TENÍA UNA AMIGUITA QUE SE HABÍA UNIDO A ÉL. UNA CHICA DE BUENA FAMILIA.

¡FEREYDOUNE, TIENES VISITA!

¡OH! AMOR MÍO.

QUERIDA, NO TENÍAS QUE VENIR, ESTO TE HACE DAÑO..

¡HAZME UN HIJO!

?

¡AQUÍ! ¿AHORA?

¡SÍ! HE PAGADO AL GUARDIA, NOS DEJARÁ TRANQUILOS.

¡¡¡VAN A FUSILARME MAÑANA!!!

YA LO SÉ... ¡QUIERO UN RECUERDO TUYO!

SABES LO QUE SIGNIFICA SER MADRE SIN ESTAR CASADA EN ESTE PAÍS. SERÁS REPUDIADA. LA GENTE TE HARÁ PASAR UN INFIERNO.

¡ME DA IGUAL! HAZME UN HIJO.

...AQUELLA NOCHE SE QUEDÓ EMBARAZADA Y POCO DESPUÉS SE FUE A SUIZA. SÉ QUE TUVO UN HIJO. SEGÚN DICEN, SE PARECE MUCHO A SU PADRE.

¿MARJI? ¿ESTÁS BIEN?

EEH... ¿TIENES MÁS HISTORIAS COMO ÉSTA?

¿? SÍ...

TE PREPARARÉ UN CHOCOLATE.

...EN FIN, DESPUÉS DE LA SEPARACIÓN ME SENTÍA MUY SOLO. EL PAÍS, MIS PADRES, MIS HERMANOS, LO ECHABA DE MENOS TODO. A MENUDO SOÑABA CON ELLOS.

DECIDÍ VOLVER. CONSEGUÍ UNOS PAPELES FALSOS Y ME DISFRACÉ.

NO DEBÍA DE SER MUY CREÍBLE. ME PILLARON RÁPIDAMENTE.

¡USTED, EL BARBUDO CON GAFAS!

¡ALTO!

ENTONCES ME ENCERRARON DURANTE NUEVE AÑOS.

¡NUEVE AÑOS!

¡MEJOR QUE EL PADRE DE LALY!

¿Y TE TORTURARON SALVAJEMENTE COMO A SIAMAK, EL PADRE DE LALY?

¿ESO TE HA CONTADO TU PADRE?

NO, SE LO DIJO A MAMÁ Y YO LO OÍ.

LO QUE ME HIZO PADECER MI MUJER FUE MUCHO PEOR.

SI TE EXPLICO TODO ESTO ES PORQUE ES IMPORTANTE QUE LO SEPAS. LA MEMORIA DE LA FAMILIA NO DEBE PERDERSE. AUNQUE NO SEA FÁCIL PARA TI, AUNQUE NO LO ENTIENDAS TODO.

¡OH! NO TE PREOCUPES, ¡¡¡NO LO OLVIDARÉ NUNCA!!!

¡Y AHORA HAY QUE ACOSTARSE!

¿QUÉ? ¿YA SE HA ACABADO?

TOMA, TE REGALO ESTE CISNE QUE HICE EN LA CÁRCEL. ESTÁ HECHO CON MIGA DE PAN.

¿EN LA CÁRCEL?

FELICES SUEÑOS.

EN MI FAMILIA TENEMOS MUCHOS HÉROES. YA MI ABUELO ESTUVO EN PRISIÓN. Y MI TÍO ANOUCHE: ¡NUEVE AÑOS! TAMBIÉN ESTUVO EN LA U.R.S.S. MI TÍO ABUELO FEREYDOUNE PROCLAMÓ UN ESTADO DEMOCRÁTICO, DESPUÉS FUE...

¡DELIRA!

 # LAS OVEJAS

MIENTRAS ANOUCHE ESTUVO EN CASA, VIVÍ UN PERÍODO APASIONANTE. ASISTÍ A CONVERSACIONES POLÍTICAS DE PRIMERA MAGNITUD...

ES COMPLETAMENTE INCREÍBLE. ¡LA REVOLUCIÓN ES UNA REVOLUCIÓN DE IZQUIERDAS Y LA REPÚBLICA QUIERE LLAMARSE ISLÁMICA!

NO TIENE IMPORTANCIA. TODO SALDRÁ BIEN. EN UN PAÍS MEDIO ANALFABETO NO SE PUEDE AGRUPAR A LA GENTE ALREDEDOR DE MARX. LO ÚNICO QUE PUEDE UNIRLA ES EL NACIONALISMO O LA MORAL RELIGIOSA...

PERO LOS RELIGIOSOS NO CONOCEN LA CIENCIA DE GOBERNAR. SE VOLVERÁN A SUS MEZQUITAS. ¡EL PROLETARIADO REINARÁ! ¡¡¡TIENE QUE SER ASÍ!!! ADEMÁS, ESO ES LO QUE EXPLICA LENIN EN "EL ESTADO Y LA REVOLUCIÓN".

EN OCASIONES, INCLUSO, LES EXPLICABA MI OPINIÓN...

¡EN LA TELE DICEN QUE EL 99,99% DE LA GENTE HA VOTADO A FAVOR DE LA REPÚBLICA ISLÁMICA!

¿LO ESTÁS OYENDO ANOUCHE? ¿TE DAS CUENTA DE LA IGNORANCIA DEL PUEBLO!? ELECCIONES AMAÑADAS Y SE CREEN LOS RESULTADOS: ¡¡99,99%!! YO, POR MI PARTE, NO CONOZCO A NADIE QUE HAYA VOTADO POR LA REPÚBLICA ISLÁMICA. ¿DE DÓNDE SE SACAN ESA CIFRA? ¡¡¡DEL CULO, CLARO!!!

¡PERO NO HE SIDO YO! ¡¡HA SIDO LA TELE!! ¡¡¡BUAAAA!!!

¡PERO EBI, SÓLO ES UNA NIÑA QUE REPITE LO QUE HA OÍDO!

¡EH! ¿JUGAMOS?

¡SE VA A LOS ESTADOS UNIDOS!

¿A LOS ESTADOS UNIDOS? ¿POR QUÉ?

MIS PADRES DICEN QUE NO SE PUEDE VIVIR BAJO UN RÉGIMEN ISLÁMICO, QUE HAY QUE IRSE.

PERO LOS RELIGIOSOS SON MUY TONTOS, ACABARÁN MARCHÁNDOSE.

¡SÍ!

MI PAPÁ DICE QUE NADIE SE DA CUENTA DEL VERDADERO PELIGRO.

¿ENTONCES CUÁNDO TE VAS?

¡DENTRO DE UN MES, MÁS O MENOS!

¡OH!

ME PARECE QUE AQUEL CHICO ME GUSTABA MUCHO...

¡PERO ESTADOS UNIDOS ES FANTÁSTICO! ¡¡¡AL FIN VERÁS A BRUCE LEE EN PERSONA!!!

SÍ... PUEDE QUE SÍ.

BRUCE LEE ESTÁ MUERTO.

EN REALIDAD, LO AMABA MUCHÍSIMO...

...¡Y AQUELLO LO FASTIDIABA TODO!...

DESPUÉS DE QUE SE FUERA MI AMIGO, UNA BUENA PARTE DE MI FAMILIA TAMBIÉN DEJÓ EL PAÍS.

EMBARQUE INMEDIATO VUELO 6702 DESTINO LOS ÁNGELES PUERTA 26 IMMEDIAT BOARDING FLIGHT 6702 TO LOS ANGELES GATE 26

A LO MEJOR NOSOTROS TAMBIÉN TENDRÍAMOS QUE MARCHARNOS...

¿PARA CONVERTIRME EN TAXISTA Y TÚ EN MUJER DE LA LIMPIEZA?

MI AMIGO KAVEH TAMBIÉN SE HA IDO A LOS EE.UU.

NO TE PREOCUPES. TODOS LOS QUE SE VAN, VOLVERÁN. SÓLO LE TIENEN MIEDO AL CAMBIO.

¡OJALÁ!

DESPUÉS DE MOHSEN, LE LLEGÓ EL TURNO A SIAMAK.

¿ES ÉSTA LA CASA DE SIAMAK JARI?

¡SÍ!

¡SOMOS LOS EJECUTORES DE LA JUSTICIA DIVINA!

SU HERMANA FUE EJECUTADA EN LUGAR DE ÉL.

¿SABES DÓNDE ESTÁN AHORA SIAMAK Y SU FAMILIA?

SÉ LO MISMO QUE TÚ, PERO SEGURO QUE ESTÁN ESCONDIDOS EN ALGÚN SITIO.

¿Y LALY?

DESPUÉS SUPIMOS QUE HABÍAN CRUZADO LA FRONTERA ESCONDIDOS ENTRE UN REBAÑO DE OVEJAS.

TODO SALDRÁ BIEN...

ASÍ, TODOS LOS REVOLUCIONARIOS DEL AYER SE CONVIRTIERON EN ENEMIGOS DE LA REPÚBLICA.

¿NO TENÍA QUE VENIR A BUSCARME ANOUCHE?

...

¿QUÉ? ¿NO TENÍA QUE VENIR ÉL?

TENGO QUE DECIRTE ALGO...

¿SÍ?

¡HA VUELTO A MOSCÚ!

¿QUÉ?

¡OH! ¡NO! OTRA VEZ LA VIEJA HISTORIA DEL VIAJE...

TUVO QUE IRSE MUY DEPRISA... SU MUJER LO LLAMÓ. ME DIJO QUE LE DESPIDIERA DE TI...

NO SE HABLA CON SU MUJER.

¡CARIÑO! ¿HAS TENIDO UN BUEN DÍA EN LA ESCUELA?

DEBES DE TENER HAMBRE.

¿DÓNDE ESTÁ ANOUCHE?

¿NO QUIERES COMER UN POCO?

NO TENGO HAMBRE.

¿POR QUÉ NO SE HA ESPERADO PARA DESPEDIRSE DE MÍ?

TENÍA PRISA, MUCHA PRISA...

AQUÉL FUE MI ÚLTIMO ENCUENTRO CON MI ADORADO ANOUCHE...

ESPÍA RUSO EJECUTADO

ver página 3

TODO SALDRÁ BIEN...

¿MARTI, QUÉ PASA, HIJA MÍA?

¡TÚ, MALDITA SEA! ¡¡¡SAL DE MI VIDA!!! ¡NO QUIERO VOLVER A VERTE!

¡FUERA!

ASÍ QUE ME QUEDÉ SIN PUNTO DE REFERENCIA... ¿PODÍA PASAR ALGO PEOR?

¡MARJI, CORRE AL SÓTANO! ¡¡¡NOS ESTÁN BOMBAR-DEANDO!!!

ERA EL PRINCIPIO DE LA GUERRA...